U0812629

中华中医昆仑

焦树德

学术评传

张镜源◎主编

中国盲文出版社

图书在版编目（CIP）数据

焦树德学术评传（大字版）/ 张镜源主编. —北京：中国盲文出版社，2015.12

（中华中医昆仑）

ISBN 978-7-5002-6878-9

Ⅰ. ①焦…　Ⅱ. ①张…　Ⅲ. ①焦树德—评传

Ⅳ. ①K826.2

中国版本图书馆 CIP 数据核字（2015）第 309078 号

焦树德学术评传

主　　编：张镜源
责任编辑：时晓艳
出版发行：中国盲文出版社
社　　址：北京市西城区太平街甲 6 号
邮政编码：100050
印　　刷：北京华联印刷有限公司
经　　销：新华书店
开　　本：700×1000　1/16
字　　数：42 千字
印　　张：6.75
版　　次：2015 年 12 月第 1 版　2015 年 12 月第 1 次印刷
书　　号：ISBN 978-7-5002-6878-9/K·482
定　　价：12.00 元
销售服务热线：（010）83190297　83190289　83190292

版权所有　侵权必究　　　**印装错误可随时退换**

丛书编委会

总顾问	顾秀莲	热　地	郑万通	王国强
	胡振民	柳斌杰	万季飞	周和平
	宋　海	何界生		
顾　问	于己百	王永炎	王孝涛	王宝恩
	邓铁涛	石学敏	朱良春	刘志明
	许润三	孙光荣	李寿山	李经纬
	李辅仁	吴　伟	吴咸中	何　任
	余瀛鳌	张　琪	张代钊	张伯礼
	张学文	陈士奎	陈可冀	陆广莘
	苗新凤	金世元	周仲瑛	周兴俊
	周霭祥	赵冠英	费开扬	高思华
	唐由之	程莘农	路志正	颜德馨
主　任	张镜源	佘　靖	白庚胜	
副主任	于文明	卫　中	王　炼	王国辰
	王承德	王晓民	元哲颖	刘彦龙
	李大宁	李功韬	李建军	李俊德

	李振吉	杨　钊	杨　勋	何伟诚
	苑　为	周建良	房书亭	赵克忠
	胡小林	姜在旸	修成娟	姚振华
	贺兴东	徐建中	梅　伟	崔晓浔
	蒋　健	谢秉臻		
编　委	王中华	王汉智	邓耀华	陈伟能
	周汉智	郑仁瑞	董栋华	
主　编	张镜源			
总编审	王　立	伊广谦	刘南燕	牟国胜
	李佐丰	吴石忠	汪兆骞	张年顺
	张瑞贤	陈金华	呼素华	孟庆云
	施宝华	梁星乔	傅　芳	靳　琦
	鲁兆麟			
编　审	尹龙元	红　柳	孙雁行	李　岩
	李　越	李占永	宋　倩	张　浩
	陈宏玢	黄　健	崔　宇	鲍国威
编务人员	王　悦	刘　伟	李淑荣	周逢春
	张　媛	赵祥龙	顾秀玲	常东晗

前　言

中医药是中华民族的伟大创造，是世界医学宝库中的夺目瑰宝，数千年来为中华民族的繁衍昌盛作出了巨大的不可磨灭的贡献，至今仍是中国医药卫生事业不可分割的重要组成部分，在维护民族体魄康健、促进经济社会发展中发挥着不可替代的作用。

中医药学，是中华传统文化和科技文明的结晶，是勤劳聪慧的中华儿女在几千年生产生活实践中，在与疾病作斗争的过程中，创造的独具特色的医学科学体系。它有着浓郁的民族特色、深厚的文化底蕴和丰富的哲学内涵。经过一代又一代中医药传人、一辈又一辈名医大家的实践探索、薪火传承、总结完善、创新发展，逐步形成了系统的理论体系、独特的诊疗方法、丰富的医学内容、实用的制药技术。具有疗效确切、用药安全、应诊灵活、普适简廉和预防保健作用显著的巨大优势，在世界医学之林独树一帜，为人类的文明进步与医疗保健事业，已经并正在作出积极的贡献。

为了弘扬中华民族传统文化，彰显中医药学家的丰功伟绩，当代中医药发展研究中心与中国文学艺术界联合会、国家中医药管理局新闻办公室、中华中医药学会、中国中医科学院、北京中医药大学、世界中医药学会联合会等精诚合作，在国家中医药管理局的支持和指导下，为中华近现代百年来贡献卓著、深受敬仰的150位中医药学家，编撰出版了这部大型传记丛书。丛书采用评传体裁，记载他们的生平事迹、医术专长、学术思想、传承教育、医风医德、养生之道和突出贡献，使这些宝贵的医学成就和精神财富发扬光大，千古流芳。

丛书取名《中华中医昆仑》。昆仑山，被尊为“万山之祖”，柱西北而瞰东南，立中国而凭世界，凌驾乾坤，巍然屹立。以其高峻豪迈、绵延起伏的磅礴气势，寓意中华中医药学历史悠久、博大精深和永不衰竭；以其挺拔雄伟、高耸入云的恢弘气魄，彪炳一代中医药学家的丰功伟绩、杰出贡献和不朽勋业。

丛书入选传主，从全国范围推荐遴选，遍及中医药界各个领域。有临床家、理论家、药学家、教育家、医史文献学家；有名师亲授、世医家教、学派传人、院校毕业和自学成才者；有师徒并驾、父子齐名和伉俪联袂者。他们学术造诣深厚、诊疗技术精湛、临床经验丰富、学科地位崇高、科研成果丰硕、医风医德高尚、国内外影响较大，从医学理论到临床实践，为中医药事业的传承和发展作出了突出贡献，是近现代百年来中华中医药界的杰出代表。

丛书的出版，对于弘扬中华文化，振兴中医药事业，造就中医药人才，普及中医药知识，具有重要的现实意义和深远的历史意义。这是一项开创性工作，填补了我国为著名中医药学家大规模撰写传记的空白；也是一项抢救性工作，因入选传主已仙逝过半，许多亲历、亲见、亲闻的史料日见散逸，将之收集整理、编撰成书，功垂后世、利国利民；更是一项承前启后的工作，总结传主经验，传承中医药伟业，继往开来，光耀世界医学之林。这部医文结合，富蕴历史性、学术性、文学性和实用性的鸿篇巨制，对医疗、卫生、科研、教育及全球关注中华中医药文化的各界人士，都有重要的参考和阅读价值。

丛书的编撰出版，是一项巨大的中医药文

化建设工程，在策划、撰写、编辑、出版过程中，自始至终得到了国家有关领导、政府部门及社会各界人士的关心和支持。国家中医药管理局高度重视，并组织专家对全书进行终审；数百名专家、学者亲临指导，参与规划；有关省、市、自治区卫生厅、局、中医局（处）给予大力帮助；传主及其亲属、弟子热情支持、密切配合；撰稿人深情满怀、辛勤笔耕；编审专家尽心竭力、精工细琢；关爱中医药事业的企业家热心公益、慷慨资助；全体工作人员不辞辛劳、无私奉献，这一切使丛书得以顺利出版。对此，我们深表谢意。

由于时间紧迫和资料搜集困难，加之水平有限，难免有疏误之处，敬请广大读者批评指正。

中华中医药学，历史悠久，源远流长，发端于远古，奔向于未来。百年对于历史，不过是短暂的瞬间；百人对于万众，不过是沧海一粟。然本丛书所记载的百年百人，则无疑是波澜壮阔的中医药发展史上辉煌的篇章和光芒闪烁的璀璨星辰。

张镜源

目录

出自农家　悬壶济世　/ 07

从事教学　倾囊相授　/ 12

辨证论治　动变制化　/ 20

急危重症　妙手回春　/ 40

首创尪痹　妙治大偻　/ 48

中医治人　与时俱进　/ 68

仁心仁术　言传身教　/ 82

和谐家庭　温馨天伦　/ 88

人生感悟自勉三十二字诀：继承传统，博采众长。突出特色，创新发扬。发皇古义，融会新知。与时俱进，扬中撷西。

——焦树德

焦树德（1922—2008），原名焦聚辉，祖籍河北省束鹿县（现辛集市）。著名中医临床家、教育家。他少年学医，1941 年在原籍设济生堂行医，1950 年悬壶于北京城。1951 年任北京市第二医院内科医师，1955 年冬参加卫生部举办的“西医学习中医研究班”学习近 3 年，1958 年到北京中医学院工作共 27 年。1984 年春，奉调到中日友好医院任中医内科副主任。历任中日友好医院学术委员会委员、专家室副主任、教授、主任医师，国家中医药管理局专家咨询委员会委员，中华中医药学会学术顾问等职务。

在学术上，焦树德宗古而不泥古，临证颇多

创新：对具有关节变形、骨质受损、肢体僵屈的痹病，创立“尪痹”新病名，并提出诊治方药；创有表格式脉象标记记录法，不用标明寸、关、尺和左、右手即可了解患者六部脉象的特征；对哮喘的治疗，创拟麻杏二三汤、麻杏苏茶汤等系列方药；结合具体实践提出六诊、十纲，即在望闻问切四诊上增加检、验二诊，在阴阳寒热表里虚实八纲上增加病、征二纲。1983 年他创制了“尪痹冲剂”，并获国优产品奖。1990 年指导中日友好医院“七五”攻关课题——“中医诊治类风湿性关节炎的机理和临床观察”，研制了尪痹复康Ⅰ号、Ⅱ号，治尪痹第三代新药获国家中医药管理局科技进步奖。

焦树德的主要著作《用药心得十讲》和《从病例谈辨证论治》两书均获人民卫生出版社“优秀作品奖”。前者不仅在国内畅销，还远销东南亚，后者已被译成日文，在日本刊行。1997 年出版的《焦树德临床经验辑要》一书，出版不久即告售罄，并获国家科技图书三等奖。另外，《治咳七法》《心绞痛的辨证论治》《中药临床运用》《尪痹刍议》和《尪痹的辨证论治》等60多篇医学论文均被日本的《中医临床》杂志、《新中医研究》杂志、新加坡中医学院《毕业特刊》全文发表或转载。

由于他对中医药事业的出色贡献，1986年被中华人民共和国卫生部授予“全国卫生文明先进工作者”称号。自1990年开始享受国务院政府特殊津贴，1992年4月被北京市科学技术委员会评为“科技之星”。作为我国中医界的杰出代表，他曾多次应邀赴日本、美国、新加坡等国讲学，并被聘为日本中医学研究会名誉会长和美国加州中国医学研究院高级学术顾问、美国中医药研究院学术顾问、新加坡中医学院毕业医师协会终身学术顾问，受到海外医界人士高度赞誉，并于1994年被收录于英国《剑桥国际名人辞典》。

出自农家　悬壶济世

焦树德于 1922 年 5 月 31 日出生在河北省束鹿县（现辛集市）双柳树村一个耕读农家。自幼酷爱医学，跟随当中医的外祖父李讲义学背一些中医歌诀，如“肝心脾肺肾，胆胃大小肠”，“医之始，本岐黄”等。他看到外祖父用一些不起眼的树皮、草根熬成汤药就能治病救人，看到病人及家属对外祖父由衷的感激，便萌生了当大夫的愿望。

在外祖父的指导下，他攻读了《黄帝内经》《难经》《伤寒论》《金匮要略》《神农本草经》等医学经典著作，并涉猎了《备急千金要方》《千金翼方》《外台秘要》及金元明清历代医学名著。他不仅熟知内容，对书中蕴义也有所理解，为从医诊疗打下了坚实的理论基础。

外祖父不仅让焦树德对学医产生浓厚兴趣，对他一生行医也有重大影响。焦树德的不少医学创新也与他幼年从学于外祖父有关系。他治疗胃痛病常用的三合、四合方，即丹参饮、失笑散、良附丸、百合汤（百合与乌药），正是他从小时候跟外祖父所学方歌“痛在心口窝，三合共四合”总结而来的。

1941年，他在冀中开设济生堂行医，因堂内挂“树德为怀”横幅，遂改焦聚辉为焦树德，也源于外祖父经常教育他行医要心怀“德”字，要为病人着想。他牢记外祖父让他背诵的药王孙思邈《备急千金要方·大医精诚》中“凡大医治病，必当安神定志，先发大慈恻隐之心，誓愿普救含灵之苦。若有疾厄来求救者，不得问其贵贱贫富，长幼妍媸，怨亲善友，华夷愚智，普同一等，皆如至亲之想”的古训，并让这种精神在后辈中传承。他经常教导弟子："既习此业，必先要正其心，端其品，怀其仁，无贪欲"，"要急病人所急，痛病人所痛"。"要紧紧抓住中国文化的这个'德'字，一心一意为病人着想。要把患者的病当成你自己的病一样，要想办法解除病人的痛苦。"

刚开诊不久，焦树德就遇到了一位重病老人。因为看这么重的病还是第一次，他的心里不免紧张得很。当天看完病后，他夜里翻来覆去地睡不着，脑海里不断地闪着过去从外祖父那里及书本上所学的类似病证的治法，似乎没有一个能真正用得上的。而按照自己诊治后开出来的立法处方是否正确呢？为此，他忐忑不安。最后，这位病情危重的老人居然让他这个初出茅庐的青年治好了。看着病人家属那充满感激的表情，他内心无比喜悦。想到自己终于可以用学来的知识为病人解除病痛，更坚定了他学医治病救人的信念。

诊所开业伊始，条件十分艰苦，焦树德充分运用中医“望闻问切”的诊治手段，把草根、树皮、姜、葱、蒜等都当作药来治病，治好了不少患者的病，从此小有名气。

随着接触的病人越来越多，他越发感到只有不断学习才能更好地为病人解除病痛，挽救更多人的生命。在开业的当年，焦树德考入了天津西医专门学校通信教授班。由于学习班教授的内容满足不了他强烈的求知欲，于是他便想方设法到处找书看——买得起的就尽量买，买不起的就动手抄。1950 年春，他到了北京，在前门内大中府与其表姐夫杨长谦合开了“慈德中医诊所”。1951 年，他通过了北京市卫生局的“高级医师考试”，毅然关闭了收入颇丰的私人诊所，进入北京市第二医院工作，成为一名公职医务人员。1955 年冬，他参加卫生部举办的西医学习中医研究班学习了近 3 年，亲耳聆听了蒲辅周、黄竹斋、杨树千、秦伯未等全国几十位中医名家的讲授。毕业时他荣获银质奖章，旋即调入北京中医学院（今北京中医药大学）从事中医临床、教学工作。从 1977 年起，焦树德担负起中央领导的医疗保健任务。1984 年 4 月，卫生部筹建中日友好医院，焦树德奉调筹建该院中医内科。1990 年 10 月，焦树德被人事部、卫生部、国家中医药管理局确定为全国首批五百名老中医药专家学术经验继承工作指导老师之一，并在人民大会堂参加了拜师大会。

从事教学 倾囊相授

自古师傅教徒弟总要为自己留一手，害怕“教会了徒弟，饿死了师傅”。焦树德却将自己的学术经验毫无保留地传授给了后学者，更期望后学者不断超越自己。

经过时代风雨的他，深知只有大力开展中医药教育，中医药事业才能得到真正的发展。他在北京中医学院一干就是 27 年，直到 1984 年春奉调到中日友好医院任中医内科副主任。

在校期间，他历任内科教研室讲师、副主任、副教授、教授，北京中医学院学位评定委员会委员、研究生毕业论文答辩委员会主任委员、研究生导师等，为国家培养了五届中医研究生，可谓桃李满天下。

焦树德将自己所学及临床经验编著成书以传后学，他著有《用药心得十讲》《医学实践录》《从病例谈辨证论治》等。此外，还主编了《简明中医内科学·下卷》《痹病论治学》等书，以及医刊《橘杏春秋》。他还主审了《老年中医保健》和光明中医学院的《中医内科学》讲义；参加编写了全国中医学院试用教材《内科学》和北京中医学院《内科学》讲义，以及《中国医学百科全书·中医基础理论》《中医证候鉴别诊断学》《中医内儿科学》等。他常说："我希望大家能为学习中国传统文化、中医药而感到骄傲"，"让患者用很少的钱看好病"。

他盼望有更多的人热爱中医药，并把中医当作中国传统文化来学，能踏踏实实地学习中医理论，将中医理论与临床实践密切结合起来。

焦树德一直很重视中医典籍对学生的教育作用，认为只有不断地学习前人的经验，不断地实践，才能够学好中医。他主张中医学子必须认真学习《黄帝内经》，因为它是中医理论大厦的基石，是两千多年来历代中医登堂入室的必经之门径。除此之外，他还主张中医本科生要读熟《伤寒论》《金匮要略》《神农本草经》《温病条辨》等医学典籍。其他的医书也要尽量多读，有重点地熟记。各类医案也是初学者必须选读的，如《临证指南医案》《名医类案》《薛氏医案》《吴鞠通医案》《柳选四家医案》《全国名医验案类编》《清代名医验案精华》《老中医医案医话选》《蒲辅周医案》《岳美中医案》《黄文东医案》等。

焦树德既是名医，又是严师。他深知培养一个合格的中医人才必须具备扎实的基本功，因此，在教学上他从来都是严格要求，一丝不苟。每次上课前，焦树德都会认真备课，将经典医籍中的观点融会到教案中，并结合多年的临床经验进行讲解，使学生便于记忆，并能触类旁通。

在讲课时，他教育学生不仅要掌握中医基本理论知识，更要学习我国传统文化，掌握国学知识，并通过各种途径增强学生们对中医的信心。教课之余，经常有学生找他看病。对此，他从分析证治入手，以激发他们的学习热情。一个学生的叔叔患了青光眼，连汽车站牌都看不清，且久治无效。经他诊治后，吃了几周的中药，眼疾明显好转，能看清站牌了。这件事传开后，鼓舞了很多学生学习中医的士气。“当老师的就得有这么两下子。”焦树德自豪地说。“现在中医师水平为什么差距这么大，就是因为有些人没亲眼见过中医的高明，信心不足。为师首先就得让学生服气，对中医建立起信心。”

焦树德在教学之余还经常临床，以丰富教学，并在临床上将理论知识和实践结合起来，教导学生如何问诊切诊，如何选方用药，学会中医的辨证论治和西医的辨病诊断。

他教育学生要活学经典，要善于领悟。中医是非常灵活的医疗艺术，而不仅仅是医疗技术。曾有出版社欲再版焦树德《用药心得十讲》，但因打算补充一张表明中药性味主治的表格，焦树德坚决反对。他说："学中医绝不能贪图简单记这些表，而应该记在脑子里，用时组合，灵活掌握。中医不是呆板简单的表格，是活泼的东西，是中国传统文化的组成部分，是国之精粹。只有理解了中国文化，才能理解中医。都学'四书五经'，懂得琴棋书画。'春眠不觉晓'之所以好听，就是因为有阴阳平仄的韵律。中医心、肝、脾、肺、肾讲的也是阴阳协调。"他让学生多读古典书籍，并认真体会其中的奥妙。他说："《黄帝内经》是中国人民的一大智慧，它用天文、地理、音乐、数学等来举例说明人体变化。'宫商角徵羽'，心肝脾肺肾都不同，肾就是羽。"因此，很多学生在他的影响下都爱好古诗词、古典音乐等。在他看来，通晓音乐可以让人更具灵性，中医开出的方子也会更加灵活。

对于自己的所学及临床经验，焦树德不仅对在校生倾囊相授，晚年还与众多老中医药专家一起，通过师带徒的方式广收弟子，将自己几十年的学术经验和临床心得毫无保留地传授给年轻后辈。1992 年他正式收阎小萍为徒，言传身教，成为他的学术继承人。2000 年的金秋十月，广东省中医院副主任医师陈伟有幸成为焦树德在广州举办的“全国名老中医药专家临床经验高级讲习班”招收的徒弟之一。据陈伟回忆说：“从前拜读过焦师的《从病例谈辨证论治》《方剂心得十讲》《焦树德临床经验辑要》等著作，使我了解了焦师是一位医德高尚、医术精湛和学术造诣深厚的中医药学大家。求学甚幸，有机会正式拜师，当时激动兴奋的心情是难以言表的。在从师随诊的过程中，焦师不辞辛苦，不厌其烦，言传身授，解难释疑，临证指迷，让我不仅对焦树德的学术思想和临床经验有了较深入的理解和认识，而且对恩师的崇高医德更加钦佩。”河北省承德市中医院潘树和对于恩师焦树德的教诲至今仍铭刻在心。在上海参加第三期全国著名中医学家经验传薪学习中，老师告诉他们怎样结合临床读经典，并让看《古今医案类编》一书，说这本书对临床有指导参考价值。焦树德的亲笔题词“精研岐黄济世活人”，更是激励他的巨大动力。潘树和说：“焦老的这句至理名言悬挂在我的诊室，就像座右铭一样，一直激励我在中医之路上勤奋学习，勇于实践。”

焦树德应用辨证施治思想认识疾病，通过理法方药体现他的辨证思想，认为理法辨明后，方药很重要。用药之妙，如将用兵。兵不在多，独选其能；药不贵繁，唯取其效。

潘树和曾回忆：“一天上课前来了一位患者找焦老。病人患便秘 20 多年，10 多天才排便 1

次。焦老仔细诊脉、望形、观舌象，并详细询问病史，然后对我们说：从五行相生方面看，便秘是肺与大肠传导失常，肺虚肾水不足；从五行相克角度考虑，肾水不足不能克心火，致心火旺盛，所以长期便秘，故病人大便呈球状，气短无力，心烦尿赤，舌红少苔。后来患者口服中药4剂，大便3～4天1次，继服6剂。追访病人大便正常，诸症皆除。这次跟师临证，虽然是治疗便秘，但焦老的临证思维对我后来治疗其他病也是受益终生。他严谨的治学、渊博的学识、师者的风范使我难以忘怀。”

辨证论治　动变制化

古人云：不为良相，便为良医。良医宛如良相，都须运筹帷幄，决胜于千里之外，而辨证论治正是中医运筹帷幄的思维。

在学术上，焦树德强调用中医理论指导临床实践，特别重视辨证论治。他主张用中医整体观和动变、制化思想，去分析、观察疾病发生、发展、传变和转归的规律，要求理、法、方、药丝丝入扣。《用药心得十讲》《方剂心得十讲》是他一生的经验总结。

《用药心得十讲》自出版以来，十年间累计印有百万册，说明了中医界对名医用药经验的重视和欢迎。以往老中医只是将药方进行传承，对自己用药时的心得体会介绍较少，而焦树德将自身中医临床的理法方药与研究、学习名医名家运用药物结合，将使用方剂的心得、体会、经验编写成书，不仅对初涉临床的青年医师有帮助，对高年资的医务人员的学习和提高也大有裨益。

焦树德用“理”做总指导，以“法、方、药”贯彻始终，认为方剂组成配伍必须加减变化，临床运用必须熟练，这样才能提高辨证论治水平。他用“治未病”思想指导治疗疑难病，认为疑难病在诊断前已有舌脉、证候的信息，表现内因多于外因，按照中医辨出的“证”进行治疗，可以使疑难病证得到控制，这正是中医“治未病”的优势所在。

对于运用前人的方剂，焦树德强调绝不可生搬硬套，组织新的方剂时，要因地、因时、因人，根据证、法的要求，汲取古今经验选择方药施治。总之，贵在加减得法，妙在随证变化。数十年前，北京中医学院院长黄升仁先生患咳嗽顽症，前后请中医换了七八张方子都无效，焦树德得知后，三副汤药就几近痊愈。他再去黄家诊病，黄老急切地问："那些方子都是化痰止咳药但就是不见效，你的方子好多药都与化痰止咳不相干，却把病治好了，这是怎么回事？"来之前，焦树德对病情好转早已成竹在胸，料到黄老会作此番提问，便缓缓地把自己的文章《治咳七法》拿了出来。"中医是理法方药一体，仅知方药，不懂理法怎能治好病呢？治咳不能一味镇咳止咳，还有宣、降、清、温、补、润、收多法啊。"黄老听后释然。

对疑难病症的诊治，焦树德常大胆地提出自己的见解和主张。他认为，由于内科的疑难重病病因都比较复杂，所以单纯依靠前人留下的方剂有时并不能取得很好的疗效。医生诊病不仅要能够对前人的方剂灵活加减，还要敢于创新。他凭借扎实的基础理论和多年的临床经验，创拟了许多新的方剂，在临床上取得了很好的疗效。几十年来，他采用辨证论治方法，治好的患者数不胜数。在此基础上，他将临床经验、心得体会融会贯通，提出了“治喘两纲六证三原则”；创拟了麻杏二三汤、麻杏苏茶汤等6个治喘效方，对神经衰弱中的阳虚肝旺证和妇女更年期综合征创拟了挹神汤等。目前，这些方药仍广为临床医师所用。

一、组方要随证加减

焦树德认为，前人在长期医疗实践中，不但在每味药物的性味功能方面积累了丰富的经验，并且还创造了许多有效的方剂，通过方剂的组织，把药物配伍起来应用，从而更提高了医疗效果。这些方剂的内容、理论和组织方法，是中医学极为宝贵的遗产，后辈一定要继承和发扬。但是在使用前人方剂时，也要注意随证加减，不可拘泥刻板地生搬硬套，或原方照抄。他举例说，有的医生开了一张四物汤用治月经病，原方中的药物一味也不敢增减。对月经提前并且血量过多的，也不敢减少川芎的用量，或去川芎，加艾炭等；对月经错后甚至两个多月才来一次的，也不敢加重川芎，或加入红花等；对血分有些虚热的，也不敢把熟地黄换为生地黄。还有的人开八正散，对大黄的用量不敢增减，更不敢去掉，以致造成病人淋证未愈而又变成了泄泻；甚至有的人开方连生姜三片、大枣四枚都不敢动一动，这样的药方疗效是不会理想的。前人批评这种情况叫做“有方无药”。意思是虽然找到了前人的一个有效方剂，但没有根据病人的具体情况去加减药物，所以效果不会好。

对于那种开方时不去借鉴前人有效方剂和组方原则的，焦树德也持反对态度，如对头痛开川芎、菊花；脚痛开牛膝、木瓜；病人有些眼花，再开草决明、石决明；病人有些消化不好，再开焦三仙；肚子胀，再开木香、槟榔……只是根据症状现象，开上十味、八味药，药与药之间缺乏有机联系，没有主药、辅助药的分别，没有药物的配伍变化，没有使药物相辅相成的组织，也没有使它们互纠其偏的配合，未曾辨证立法，缺乏理论上的连贯性，这样的处方效果不会理想。因此前人又批评为“有药无方”。意思是说只有头痛医头、脚痛医脚的各种药物，没有方剂的组织原则或前人有效方剂的借鉴，疗效难以提高。他根据多年临床实践经验总结，认为较好的方法是按照辨证、立法的要求，选好一张比较有效的处方，然后根据病人具体情况，再把方中的药味，加以分析，如有不符合目前病情要求的，就把它减去。如需要再加入一两味药的，就选一两味符合辨证、立法要求，能在这个方剂中起到互相配合、相辅相成、增强治疗效果的药，这样不会影响本方总的治疗目的与要求，所加药物也确能起到增效的作用。

前人的经验认为这种情况叫做“有方有

药”，意思是说开的药方，既符合辨证、立法的要求，又有前人有效方剂的借鉴或是按照方剂组织的原则，根据理、法的要求，组织成方剂。由于选用比较恰当的药物，药与药之间有着有机的联系，这样药方就会达到满意的效果。例如辨证为少阳证，立法是和解少阳，选用方是小柴胡汤加减，在开方时要考虑到如病人口渴明显就去掉半夏，加入天花粉以生津液；如胸中烦热而不呕就去掉半夏、人参，加瓜蒌以荡涤郁热；如腹中痛就减黄芩，加白芍以益中定痛；如口不渴，外有微热，去人参，加桂枝以解肌表；病情较重用量要稍大些，病情较轻用量可稍小些；夏季生姜可略少，冬季可略多些，但总的药方组织没有脱离和解少阳以退半表半里之邪的要求。

焦树德将前人关于方剂加减变化的方法加以归纳，并结合个人的经验，提出了以下几种方剂加减变化的方法：

加：即在原方上加一两味药，或是加重原方药中一两味药的用量。

减：即在原方中减去一两味药，或减轻原方中某药的用量。

裁：如裁衣，即在原方上裁去目前不需要的一部分药物。

采：即在保留原方主要药物的基础上，再把其他方剂中功效突出、或配伍精巧的一两味药，增入方内。

穿：即把所需要的三个或三四个药方的主要部分，有主次、轻重地穿插起来成为一方。焦树德自拟的麻杏二三汤就是将张仲景的麻黄汤选用该方中的麻、杏二味，再和二陈汤、三子养亲汤“穿”起来，使之形成一个新的处方。

合：即是把两个或两个以上方剂合并，结合起来使用。焦树德治疗经久不愈的胃脘痛，常用自拟的“三合汤”，即是把良附丸、百合汤、丹参饮三个药方合起来用。如痛处固定，或有时大便发黑，疼痛较重者，可再合入失笑散方，则又名“四合汤”。

化：既是方法，亦是要求。上述的加、减、裁、采、穿、合，有时可以单独使用，有时要配合应用，主要是注意灵活运用，切忌死板。对所选用的方剂，经过加减、裁采或穿合的变化后，还要注意到“化”，即是把经过变化的药方，除再次与证候、治法、人、地、时等多种情况进行分析，核对无误外，还要仔细分析药方中各药的组织配伍和药力比重、用量大小、先煎后下等是否合适，各药之间以及与证候、治法之间是否存在着有机联系，能否发挥理想的治疗特长，并纠正其原药所短，使药方达到比原方更符合治疗的要求。前人把这种经过变化而取得良好效果的方剂，称之为“出神入化”。前人有些有特效的名方就常常是从“化”中所出。也可以说，“化”是要求把方剂的药物组成、配伍变化与证情、治法达到“化合”的水平，而不是将药物彼此孤立的“混合”在一起。

总之，焦树德认为，运用前人的方剂也好，自己组织新方也好，都必须紧密结合病情，根据治法要求，做到以法统方，随证加减，灵活变化。

二、重视药物配伍

关于临床用药，焦树德认为，如果不注意配伍变化和药量大小的变化，即使是立法和处方的大原则基本上是一致的，也往往效果不理想，甚至无效。

他举复方研究的例子说，有人用滋阴潜阳药对动物神经源性高血压进行观察具有良好的效果，但将滋阴药和潜阳药分开试验则降压效果均差。对肾性高血压病，桂附八味汤效果良好，单用六味地黄汤也有良效，而单用肉桂、附子则基本无效。再如四物汤与八珍汤的动物实验表明，两方对急性贫血动物有促进红细胞增生作用，其中八珍汤效果尤为明显，说明了“气血双补”、“阳生阴长”理论的科学性。还有人用补中益气汤做实验，证明对子宫及其周围组织有选择性收缩作用，并能调整小肠肌张力，促进营养吸收，这与中医理论“补中益气”是相吻合的。实验还证明，升麻、柴胡在方中有明显的协同作用，尤其是在肠蠕动方面。如果去掉这两味药，该方对肠蠕动的作用就会减弱，但如果单用这两味药则无以上各方面的作用。再如茵陈蒿汤的实验研究发现，把茵陈、栀子、大黄三药分开，单味投药无明显的利胆作用，只有三药配伍应用，胆汁排泄才大量增加。又有人对五个含有黄连的复方进行了实验和临床研究，结果表明，配伍适宜的黄连复方，确可减少抗药性，提高抗菌效果，增强解毒能力，减低单味药的毒性和副作用。可见药物的配伍非常重要。

中药的配伍变化很多。焦树德认为，药物

配伍的恰当与否直接影响治疗效果。例如，麻黄本为发汗药，但如配用适量生石膏，则可降低它的发汗作用而发挥其宣肺平喘、开肺利水等作用。荆芥为解表药，如配防风、紫苏叶则为辛温解表药，如配薄荷、菊花则为辛凉解表药。防风可以治头痛，如配白芷则偏于治前头痛，配羌活则偏于治后头痛，配川芎、蔓荆子则偏于治两侧头痛。再如黄连配肉桂可治心肾不交的失眠；半夏配秫米可治胃中不和的失眠；大黄配甘草可治食后即吐。药方的组成也常因一两味药的加减而增强治疗作用。例如，四君子汤是健脾补气的方剂，但脾的运化功能差的人容易产生胸闷胃满的副作用。宋代儿科名医钱乙在这个药方中加入了一味陈皮，以理气和中，便纠正了它的副作用，名“五味异功散”，成为临床上常用的著名方剂。

药物的用量与疗效也有很大关系，例如桂枝汤中，桂枝和白芍的用量相等有和营卫解肌的作用；桂枝加芍药汤中，白芍的用量比桂枝多一倍就成为治太阳病误下，转属太阴，致腹满时痛的方子；小建中汤中，白芍比桂枝的用量多一倍，又配用饴糖就成为温中、止腹痛的方剂。至于厚朴三物汤、小承气汤、厚朴大黄汤，三个药方都由厚朴、枳实、大黄三味药组成，但因各方三药的用量不同，则方名不同，治证不同。再如清瘟败毒饮，原方："生石膏大剂六两至八两，中剂二两至四两，小剂八钱至一两二钱；小生地大剂六钱至一两，中剂三钱至五钱，小剂二钱至四钱；川黄连大剂四钱至六钱，中剂二钱至四钱，小剂一钱至一钱半。""六脉沉细而数者即用大剂，沉而数者即用中剂，浮大而数者用小剂"。可见，药物用量在处方中起着重要作用。另外，药物的用量也与年龄大小、体重轻重、病邪盛衰、身体强弱和气候冷暖等有着密切的关系。

三、重视药物归经理论

归经理论最早见于《黄帝内经》，有五入、五欲、五苦、五禁、五伤、五胜等不同内容，并创拟了脏腑标本寒热虚实用药模式。焦树德认为，归经理论的产生是历代医家通过无数的临床实践，不断总结经验，并随着对药性认识的不断深入，而对药性理论逐步阐发补充的结果。用归经理论研究中药是深刻认识中药、熟练掌握和运用中药的一种方法。归经是药性理论的重要组成部分，它用来表示药物的作用部位。归即归属，经即脏腑经络，归经就是药物对机体不同部位的选择作用。换言之，药物进入人体后，并非对所有脏腑或经络都发生同等强度的作用，大多数药物在适当剂量时，只对某些脏腑经络发生明显作用，而对其他脏腑经络则作用很小。

焦树德认为，临床遣方用药时，要根据病变的性质和部位，除斟酌选择相应的药物性味外，更要根据药物的归经，以增强该方剂的定向性、定位性，提高整个方剂的选择性作用，药病相得，才能取得捷效。他认为，归经理论对指导临床用药起着重要作用，对确切选择药物进行遣方用药和提高临床疗效有极大帮助，是辨证论治的重要部分之一。归经理论在临床应用时应先辨证，定其病位属何经何脏何腑，然后再选择具备该经归经属性的药物。其关键在于切中脏腑经络的病机，选取该经药物而给予有效治疗。

焦树德将经络学说和药物归经理论有机地结合在一起，灵活运用，收到了良好的临床效果。经络有一定的循行部位和络属脏腑，往往反映出所属脏腑的病证，因而可根据疾病症状出现的部位，结合经络循行的部位及所联系的脏腑而诊治疾病。如根据体表某一部位所出现的疼痛等症状，即可明确其为某经、某脏和某腑的病变。他最常说的一句话就是：“经络不明如盲人夜行。”在诊治疾病中他每每都会立即说出该病属于某一经，而选择某种药物归经论治。因痹证多表现为全身肌肉、关节、筋骨等处疼痛、肿胀和麻木，病痛范围十分广泛，因而为痹证的辨证提供了更多的空间。焦树德论治痹证，最为典型的例子就是“大偻”的治疗。如治疗大偻肾虚督寒证，于补肾强督中不忘加羌独活、防风走肾、督、膀胱经，祛除脊背风湿之邪，兼顾表里经络之通畅。痹连肢节外周关节症状表现突出者，加藤类药物以通达四肢，祛风止痛。邪及肝肺者，治宜燮理肝肺，通经活络，气血分行；如胸痛随证加青陈皮、紫苏梗、杏仁、郁金等；目赤者加霜桑叶、白菊花、炒黄芩、桑白皮、地骨皮、蒺藜等；腹股沟疼痛属肝经受累加炒川楝子、香附、蒺藜、川芎等；臀深处痛牵及下肢外侧者属胆经受累加柴胡、炒黄芩、桑枝、制延胡索等。又如强直性脊柱炎，男性少年儿童发病较多，兼见皮肤红色丘疹者，每用连翘以清心经郁热，“诸痛痒疮皆属于心”是也。总之，焦树德在临床遣方中将经络学说和药物归经理论运用得十分娴熟，组方配伍，以法统方，方中有法，使药达病所。他根据组方原则随证加减，灵活变化，取得了良好的临床效果。

例如，22岁的董某，牙龈时常出血已一年多，每次出血都要经专科医生止血才能缓解。一次发病，经专科医生止血后无效而收住急诊观察室，并拔除左上门齿两个，将小动脉用线结扎缝合。但术后仍出血，用多种大量止血剂注射、口服，局部使用止血粉以及内服云南白药等，仍未能止血。一个星期后，焦树德被邀会诊。他采用中西医结合进行治疗。诊断时发现，这个小伙子门齿齿龈出血，血色鲜红，满口牙龈有肿胀感，心跳，左后脑有随心跳而上冲跳动的感觉，口渴能饮，大便秘结，舌苔老黄，脉象数，左手弦滑有力，右手弦细略滑。

诊断后，他心中有数了，对小伙子微微一笑，安慰小伙子不要焦急，并作出辨证结论，阳明经的经脉入齿中，齿龈也属阳明经，并且看这名患者体壮，脉象弦滑有力，知是实证；口渴能饮，牙龈肿胀，舌苔色黄，脉数，是为胃经实热；大便秘结，舌苔老黄，脉象滑数有力，是大肠热结之象；牙龈出血不止，血色鲜红，脉象弦数有力，知是血热妄行；心跳及后头上冲跳动，是热积化火，血随气升，气随血上而致。根据此脉症，他诊断为阳明经（胃和大肠）火热炽盛，血热妄行而发齿衄之证，随即拟出治法：清泻阳明，凉血止血。

根据本例的治法要求及辨证的方法，焦树德找出清泻阳明是关键所在，也就是本病主要矛盾（出血）的主要方面（阳明热盛），所以选方必须是能入阳明经、清泻阳明经火热的。他想到石膏知母汤（白虎汤）能清阳明经气分邪热，承气汤类能泻阳明经火热结滞，因而用生石膏清阳明气分邪热，生大黄泻大肠结热为主药；又配以知母、黄芩，以帮助清热泻火为辅药；再根据治法中还要求凉血，是因为患者阳明经火热炽盛，气血皆热，血受火热煎迫，血热妄行而牙龈出血不止，故非清热凉血，不能达到止血的目的，故又选用生地黄、玄参以凉血降火；又因病已10余日，出血甚多，病人的便秘除有热结的因素之外，还有津伤的一面，故又加入麦冬以滋阴凉血（合生地黄、玄参、生大黄，又有增液承气汤的作用）为佐药；又据“急则治其标”的原则，加用白茅根、大小蓟、生藕节，以凉血止血为使药。据此，焦树德组成以下药方：

生石膏47g（先下），生大黄6g，知母9g，黄芩12g，生地黄25g，玄参30g，麦冬9g，白茅根30g，大小蓟各15g，生藕节30g。4剂，水煎服。

董某服第1剂后，当天晚上牙龈出血即止。

以后仍守此方，以生赭石、地骨皮、玄明粉、牡丹皮、茜草炭等随证加减，稍事出入，共进13剂而痊愈出院。出院后又服药10余剂（上方加减），以巩固疗效。两个月后追访，董某药后一直上班，未再发生齿衄。其对焦树德充满了感激之情。

急危重症　妙手回春

焦树德非常重视中医理论对临床的指导，特别强调辨证论治，并能采撷现代医学为我所用，力求辨证精确，立法精当，选方用药丝丝入扣。他知识渊博，所治甚广，举凡中医内科、妇科、儿科，以及皮外科等疾病，皆有所长，尤擅诊治中医内科疑难重病，对心脑血管、急性热病、风湿类疾病等颇具心得。即使是一些疑难怪病，包括现代医学诊断不明、治疗乏效的疾病，经过他缜密辨证，精心处方用药也往往是应手而效，妙手回春。

他临床擅治内科疑难重病，对肝、胆、泌尿系统疾病注重增强肝、肾本脏功能；对萎缩性胃炎、溃疡病等采用自拟的三合汤和四合汤，不但胃痛能愈，而且胃镜和病理检查也见溃疡明显好转，甚或愈合；对冠心病、心肌炎、心绞痛采用心、肺、胃、肾同治，理气活血，助阳化痰并用，颇有良效；对中风证（急性脑血管病）常用中风三法，认为风痰阻络、风中于经、常归于腑，必须清化阳明，通腑活络；对再生障碍性贫血及出血性疾病重用滋胃凉血、降气清热；对高热性疾病，谨遵“见热莫攻热”之训，活用清、疏、滋、降、和解等法，力求治本，其热自解；对休克厥证，人事不省诸疾，用助阳开窍，宁心醒神，辨证治本，效果颇佳；对诊治各种顽疾、危症每每疗效卓著，深受患者爱戴。他在学术上强调中医理论对临床实践的指导，特别重视辨证论治的灵活运用。主张用整体系统观念、动变制化思想分析观察疾病的发生、发展、传变、转归，力求理、法、方、药清楚。对哮喘提出“治喘两纲六证三原则”

（又名治喘六麻），创拟麻杏二三汤、麻杏苏茶汤、麻杏蒌石汤、麻杏补肺汤、麻杏六君子汤、麻杏都气汤等治喘效方。对神经衰弱的阴虚肝旺证和妇女更年期综合征，创用挹神汤。对下肢淋巴管回流障碍的足骨（胫）浮肿，创有足骨消肿汤等，广为临床医师采用。焦树德还创有表格式脉象标记法，不用标明寸、关、尺和左、右手即可了解患者六部脉象的特征。此法于1964～1966年曾被北京中医学院附属东直门医院规定用于病历书写之中，全国通用中医病历书写格式中也曾被采用。日本京都高雄病院也用此法记录脉象。

从医数十载中，焦树德治愈了许多疑难大病和急危重症，不但对功能性疾病疗效卓著，对器质性疾患也有惊人疗效。

一、治疗尿结石

柴某，右少腹剧烈疼痛，波及右侧腰部，并向尿道放射。排尿后，尿道有灼痛感，尿意频数，小便短赤。曾到某医院外科诊治，诊断为泌尿系结石，经注射吗啡1针，开中药3副，回家后，服中药1副，立即吐出。因腹痛急剧而来医院诊治，当即收入急诊观察室。焦树德诊脉时，除了前面所诉症状，还有口干不欲多饮，大便干已两日未行，舌苔黄，脉象左手弦数，右手滑数。焦树德辨证为排尿灼痛，尿意频频，是为“淋病”。据其发病急、尿短赤、舌苔黄、脉滑数，知属湿热蓄结下焦之证。再观其右少腹及右腰部有放射样疼痛，脉象弦数，因而辨证为湿热久蕴，煎灼津液，热结为石，滞塞经络，气血不通而致阵阵作痛，发为石淋，结合以前某医院也诊断为泌尿系结石的情况，综观脉证，辨证为湿热淋兼砂石淋，由此确立治法：清利湿热，行气活血，佐以化石。服用数剂汤药后，患者症状缓解，再以前方加减至痊愈。

二、治疗颅内占位性病变

李某，38岁，在1987年7月23日劳动后感头晕，即赴医院，但就诊途中突然昏倒，神志不清（无抽搐及二便失禁），经当地医院诊治，约4个小时后神志恢复。自此每逢用力或情绪不佳时即发生右侧头痛，呈阵发性胀痛，口苦，大便日一行、质干，睡眠尚可，纳谷尚馨，无复视、恶心及耳鸣。曾经延边神经精神病防治院做CT等检查，诊断为颅内占位性病变，考虑为胶质瘤或结核瘤。患者不同意手术治疗，经多种药物治疗，病情始终未见好转。正好焦树德于8月下旬赴延边地区讲学支边，期间接诊患者。

李某详细告知病情。焦树德望其舌尖红，苔根部略黄，脉弦、两寸较明显。辨为肝郁生风、痰血凝滞之证。治以调肝散郁、化痰消瘀之法。

处方：蒺藜12g，当归12g，赤芍12g，红花 9g，地龙 6g，橘红 12g，半夏 9g，白僵蚕 6g，茯苓 18g，黄芪 18g，川芎 12g。

李某服用上方 70 余剂后，右侧头痛减轻，但劳累时仍有发作，于是专程来北京中日友好医院复诊。此时，焦树德看他面色红，舌尖红，苔根部黄厚，脉弦。诊为肝阳上亢，气血上逆，经络失畅，血脉不通，治以平肝潜阳，活络降逆。

处方：生石决明 30g（先煎），生赭石 30g（先煎），蒺藜 12g，夏枯草 15g，生荆芥穗 9g，蔓荆子 10g，赤芍 15g，红花 10g，莪术 3g，半夏 10g，橘红 12g，茯苓 20g，白僵蚕 10g，川芎 5g。

嘱患者服 20 剂后，去川芎，再服用 60 剂。

第二年 3 月底，李某再来京复诊，偏头痛基本痊愈，仅在过度劳累或感冒时偶有发作。精神佳，气色润泽。CT 复查提示：右颞叶后部皮层区结节状占位已消失。舌苔薄白，脉象沉略滑。为了巩固疗效，预防复发，原方加生地黄 18g，黄芩 10g，白芷 9g，生牡蛎 30g（先煎），改生赭石 35g（先煎）。嘱服 15 剂后改为隔日服 1 剂，再服 15 剂即可停药。

三、治疗下肢淋巴回流障碍

党某于 1966 年始，左下肢浮肿 10 余年。此后渐至双下肢均浮肿胀痛，麻木筋挛，步履艰难，因双足浮肿胀大，不能穿鞋。后病情加重，每到夏季即复发，逢雨天更重。现代医学诊断为“下肢静脉回流受阻”，曾服多种中西药物均无效，建议手术治疗。因害怕自己双脚被截，于 1980 年 5 月 23 日，让家人带着找到焦树德看病。焦树德发现他舌苔薄白，六脉皆弦。辨证为湿邪下注，络脉郁阻，气机不畅，属中医脚气病范畴。确定治法：降浊利湿行气，佐以益肾。

处方：焦槟榔 12g，木瓜 10g，茯苓 20g，生薏苡仁 30g，防己 10g，吴茱萸 6g，苍术 6g，炒黄柏 10g，桑寄生 20g。

一个星期后复诊，双足及小腿浮肿、沉重感均减轻，舌苔薄白，脉沉细弦。上方茯苓改为 30g，苍术改为 6g，继服 6 剂。接下来的两个星期后，党某情况明显好转，头晕及下肢浮肿均明显减轻，足及小腿仍感发胀，上方改焦槟榔 15g，加红花 6g，服 12 剂。在那个夏天，党某共服上述中药 68 剂，症状消失，焦树德约他每年夏季前去治疗。3 年后，他也跟常人一样穿着自己喜欢的鞋，迈着矫健的步伐了。

首创尪痹　妙治大偻

焦树德对心血管疾病、消化系统疾病、泌尿系结石、出血性疾病、高热性疾病等的治疗方法让医学界称赞，他对于痹证的研究更是可以载入中医药典籍史册。

我国每年有关节变形的重症痹证病人数百万人。自古以来，这已被我国医学界称为一大顽疾。为了攻克这一难题，1981 年焦树德组织并参与了全国中医内科学会痹病学组。

在对痹病的研究中，他集几十年的努力，查阅了诸多论著及工具书。如《辞源》中解：“骨骼弯曲症，胫、背、胸弯曲都叫尪。”《金匮要略》上说：“诸肢关节疼痛，身体尪羸。”他认为，尪是属关节肢体弯曲变形，身体羸弱，不能自由行动而渐成废疾。《素问·痹论》中虽有行、痛、著三痹之分，但关节变形的痹尚无病名。为了与“行痹”、“寒痹”、“著痹”等区别，他首创关节变形之痹病为“尪痹”，填补了《黄帝内经》中有关痹证的空白。

1981年12月在武汉召开的“中华全国中医学会内科学会成立暨首届学术交流会”上，焦树德首次提出“尪痹”病名并将其归为“痹病”范畴，使中医学的痹病理论又有了一定的发展，且渐趋完善。1983年，他组织27个省市科研单位进行了临床研究，并与制药厂合作创制了“尪痹冲剂”。该产品荣获国优产品奖，并畅销海外。1990年，他又指导中日友好医院“七五”攻关尪痹科研组进行系列药的研究，通过5年研究，研制出第二代新药“尪痹复康”Ⅰ号、Ⅱ号。该药也很快成为畅销海内外的良药，解除了众多患者的痛苦。

1994年的《中华人民共和国中医药行业标准》肯定了焦树德的“尪痹”病名。其中包括尪痹的诊断依据、证候分类和疗效判定标准，明确指出本病属于类风湿性关节炎。迄今“尪痹”病名已见于诸多的中医专著及教学参考书。

“尪痹”属于痹病范畴，所谓“风寒湿三气杂至，合而为痹”，也是其总的病因病机，更重要的是“尪痹”还具有寒湿深侵入肾的特点。焦树德将“尪痹”常见的病因病机概括为以下四种：

素体肾虚，寒湿深侵入肾，或先天禀赋不足，或后天失养，遗精滑精，房事过度，劳累过极，产后失血，月经过多等，致使肾虚，正不御邪。肾藏精、生髓、主骨，肝肾同源，共养筋骨。肾虚则髓不能满，真气虚衰，风寒湿三气杂至，如寒湿偏盛，则乘虚深侵入肾。肾为寒水之经，寒湿之邪与肾同气相感，深袭入骨，痹阻经络，血气不行，关节闭涩。肾为肝母，筋骨失养，渐致筋挛骨松，关节变形不得屈伸，几成废人。

冬季寒盛，感受三邪，肾气应之，寒袭入肾。《素问·痹论》说："所谓痹者，各以其时，重感于风寒湿之气也。""时"，指五脏气旺之时（季节）。肾旺于冬，寒为冬季主气，冬季寒盛，感受三邪，肾先应之，故寒气可伤肾入骨，致骨重不举，酸削疼痛，久而关节肢体变形，成为尪羸难愈之疾。

复感三邪，内舍肾肝。痹病若迁延不愈，又反复感受三气之邪，则邪气可内舍其所合而渐渐深入，使病情复杂而沉重。

焦树德在阐明"尪痹"病因病机时，特别提出对"合而为痹"的"合"字的理解。"合"是指三气合在一起而致的病，除此之外还应理解为：痹病不仅是风寒湿三气杂至合一侵入而为痹，还要与皮、肉、筋、骨、血脉、脏腑的形气相"合"方能成痹。

风寒湿三气杂至，不但可与皮、肉、筋、骨、血脉、脏腑之形气相“合”而为痹，还可因不同的时气与四季各脏所主的不同，而成为各具证候特色的痹证。“尪痹”虽然以湿邪深侵入肾为主要病机，但再结合“从化理论”来分析，有的“从阴化寒”而见寒湿证，有的“从阳化热”而见湿热证。

一、治疗“尪痹”的“四证四方”

结合多年对于“尪痹”的治疗经验，焦树德认为，治疗时要抓住补肾祛寒这一重点，随证结合化湿、散风、活血、壮筋骨、利关节等标本兼顾。若见邪欲化热之势，则须减少燥热之品，加入苦坚清热之味。遇已化热者，则宜暂用补肾清热法，俟标热得清后，再渐渐转为补肾祛寒之法以治其本。另外，还须经常注意调护脾胃，以固后天之本。中医非常重视因人制宜、因地制宜，根据“从化理论”，病证可随地域不同、患者体质的差异以及用药史的不同而发生动态变化，故临床上要抓住“尪痹”的主病机，再根据证候的变化而随证加减，方能获得良好疗效。以下所列为焦树德治疗“尪痹”的4首经验方剂，随证加减，每获良效。

（一）肾虚寒盛证

临床表现为腰膝酸软，两腿无力，喜暖怕凉；膝踝、足趾、肘、腕、手指等关节疼痛、肿胀、僵挛，甚至变形；舌苔白，脉沉弦、沉滑、沉细弦、尺部弱小沉细。治则：补肾祛寒为主，辅以化湿散风，强壮筋骨，祛瘀通络。方药：补肾祛寒治尪汤。

组成：川续断12～20g，补骨脂9～12g，熟地黄12～24g，淫羊藿9～12g，制附子6～12g，骨碎补10～12g，桂枝10～15g，赤白芍各9～12g，知母9～12g，独活10～12g，防风10g，麻黄3～6g，苍术6～10g，威灵仙12～15g，伸筋草30g，牛膝9～15g，干姜6～10g，炙穿山甲6～9g，土鳖虫6～10g。

此方用于肾虚寒盛证。该证属肾虚为本，寒盛为标，本虚标实之证，在临床上最为常见。

加减：上肢关节病重者，去牛膝，加姜黄10g，羌活10g。瘀血重者，加红花10g，皂角刺5～6g，乳香、没药各6g，或加苏木15～20g。腰腿痛明显者，去苍术，加桑寄生30g，炒杜仲20g，并加重川断、补骨脂用量，随汤嚼服胡桃肉1～2个（炙）。肢体关节蜷挛僵屈者，可去苍术，减防风，加生薏苡仁30～40g，木瓜9～12g，僵蚕10g，以舒筋除僵。关节疼痛重者，可增加附子用量，并加制草乌3～6g，七厘散一分三，随汤冲服。舌苔白厚腻者，可去熟地黄，加砂仁3～5g，或藿香10g。脾虚不运、脘胀纳呆者，可去熟地黄，加陈皮、焦神曲各10g。

（二）肾虚标热证

关节疼痛或微有发热，但皮肤不红。时感手足心热，肢体乏力，口干便涩。舌质微红，舌苔微黄，脉象沉细略数。治则：补肾祛寒为主，辅以化湿散风，强壮筋骨，祛瘀通络，兼以清热，减去温燥，加入苦坚清热之品。方药：加减补肾治尪汤。

组成：生地黄 15～20g，川续断 15～18g，骨碎补 15g，桑寄生 30g，补骨脂 6g，桂枝 6～9g，白芍 15g，知母 12g，酒炒黄柏 12g，威灵仙 12～15g，炙穿山甲 9g，羌独活各 9g，制附子 3～5g，忍冬藤 30g，络石藤 20～30g，土鳖虫 9g，伸筋草 30g，生薏苡仁 30g。

此方是在上方补肾祛寒治尪汤基础上减去温燥之品，加入苦以坚肾、活络疏清之品，但未完全去掉羌活、独活、桂枝、附子祛风寒湿之药。用于肾虚标热轻证，邪欲化热但热象不盛者。

（三）肾虚标热重证

受累关节疼痛而热，肿大变形，局部可有发热，皮肤微发红，伴口干咽燥，五心烦热，小便黄，大便干。舌质红，舌苔黄厚而腻，脉象滑数，或弦滑数，尺脉多沉小。治则：补肾清热。方药：补肾清热治尪汤。

组成：生地黄15～25g，川续断15g，地骨皮10g，骨碎补15g，桑枝30g，赤芍12g，秦艽20～30g，知母12g，炒黄柏12g，威灵仙15g，羌独活各6g，制乳香、制没药各6g，土鳖虫9g，僵蚕9g，蚕砂10g，红花10g，忍冬藤30g，透骨草20g，络石藤30g，桑寄生30g。

此方用于邪已化热、热象明显之肾虚标热重证，该证多见于年轻、体壮患者的病情发展转化过程，但经过治疗后则多逐渐出现肾虚寒盛之证，再经补肾祛寒治尪汤治疗，以补肾祛寒，强壮筋骨，通经活络。

（四）湿热伤肾证

此证多见于我国南方及常年湿热的地域，病程较长，关节肿痛，用手扪之发热，或下午潮热，久久不解；膝腿酸痛无力，关节蒸热疼痛，痛发骨内，关节有不同程度的变形。舌苔黄腻，脉滑数，或沉细数，尺脉多小于寸、关。治则：补肾清热化湿。方药：补肾清化治尪汤。

组成：骨碎补 15～20g，川续断 10～20g，怀牛膝 9～12g，黄柏 9～12g，苍术 12g，地龙 9g，秦艽 12～18g，青蒿 10～15g，豨莶草 30g，忍冬藤 30g，络石藤 30g，生薏苡仁 30g，威灵仙 10～15g，羌独活各 9g，炙穿山甲 6～9g，泽泻 10～15g，青风藤 15～25g，防己 10g，银柴胡 10g，茯苓 15～30g。

此方用于湿热伤肾证，关节肿痛，常有低热不退。加减：四肢屈伸不利者，加桑枝 30～40g，姜黄 10～12g，减银柴胡、防己。疼痛游走不定者，加防风 9g，荆芥 10g，去地龙。肌肉疼痛者加蚕砂 9～15g。

对尪痹肾虚寒盛证即类风湿关节炎的诊治，焦树德以问诊为第一应诊方式，主要询问患者关节疼痛部位、性质及持续时间，以及兼见症状，习惯运用的诊法是问诊及脉诊，临证必究舌象、舌苔及脉象。他认为，素体肾虚，复感受风寒湿三气，寒邪偏盛，深侵入肾合于筋骨，日久瘀血阻络，筋骨失养，终致肉削筋挛骨损而成尪痹，出现四肢关节肿痛变形，治则治法应以补肾祛寒为主，辅以化湿散风，强壮筋骨，祛瘀通络。

处方用药时，焦树德自拟补肾祛寒治尪汤加减。以桂枝、片姜黄、青风藤、鸡血藤、伸筋草、独活、羌活、川牛膝、泽兰、威灵仙、炒杜仲、桑寄生、白僵蚕、生薏苡仁、豨莶草、苍耳子、制附子、防风等为主。方中以温肾祛寒为大法，贯穿治疗过程的始终，更重用藤类药物以通达四肢，祛风止痛。

二、提出“大偻”，阐明病因病机

1997 年，焦树德发表了《简谈治疗强直性脊柱炎的经验》一文，把过去曾认为属于类风湿性关节炎，近来则将此病列为强直性脊柱炎起名为“大偻”，并指出该病颇似尪痹，系以督脉为主之病。

为激励广大医师提高治疗强直性脊柱炎、类风湿性关节炎的水平，在一定程度上改善科研资金不足问题，经卫生部、民政部批准，特成立了一个以焦树德命名的医学基金会，旨在向联合国及国内外关心医学和健康事业的人士筹募资金，并通过奖励和资助各项学术活动，弘扬焦树德教授的高尚医德和治学精神，促进医药卫生事业的健康发展。

“大偻”之名首见于《黄帝内经》，但在当代医学界很少有人提起。《素问·生气通天论》曰：“阳气者，精则养神，柔则养筋，开阖不得，寒气从之，乃生大偻。”王冰注曰：“身体俯曲，不能直立。偻，脊背弯曲。”《康熙字典》说：“瘘与偻通，尪也，曲背也。”为了使医家对“尪痹”和“大偻”的异同有明确认识，焦树德又根据《黄帝内经》提出了“大偻”这一新的中医病名，并用“大偻”取代“大瘘”，说明“大偻”与“尪痹”既有联系，又有一定的区别。另“大偻”像“尪痹”一样仍归痹病范畴加以探讨。在提出“大偻”这一中医病名的同时，焦树德还集合古籍中的描述来确认病因病机。他认为，“大偻”主要是肾、督正气不足，风寒湿三邪（尤其是寒湿偏盛者）深侵肾督。督脉督一身之阳，受邪则阳气不得开阖，失于布化；寒邪深侵，肾受邪则骨失淖泽，并不能养肝，肝失所养则血海不足，冲任失调，筋骨失养；肾督两虚，腰胯脊背之阳气失于布化，阴精失于滋荣，寒则凝涩而致腰胯疼痛，精血不荣渐致筋脉僵急，督阳失布，气血不化而致脊柱僵曲，形成“大偻”之疾。

三、大偻“四证四方”

焦树德认为，“大偻”的治疗法则是以补肾强督为主，辅以祛寒化湿，通活血脉，强壮筋骨。如有邪郁化热，可佐用苦以坚肾、化湿清热之品；痹连肢节者，可加疏风、散寒、通利关节、活血通络之品；邪及肝肺者，可佐用调肝理肺之品。

（一）肾虚督寒证

症状：腰、臀、胯疼痛，僵硬不舒，牵及膝腿痛或酸软无力，畏寒喜暖，得热则舒，俯仰受限，活动不利，甚则腰脊僵直或后凸变形，行走坐卧不能。或兼男子阴囊寒冷，女子白带寒滑，舌苔薄白或白厚，脉多沉弦或沉弦细。治法：补肾祛寒，散风除湿，强督活瘀，壮骨荣筋。方药：补肾强督治尪汤。

组成：骨碎补 18g，补骨脂 12g，熟地黄 15g，淫羊藿 12g，狗脊 30g，鹿角 6g（镑），羌活 12g，独活 10g，续断 18g，杜仲 20g，川牛膝 12g，泽兰 15g，土鳖虫 6～9g，桂枝 15g，赤白芍各 12g，知母 15g，制附子 12g，炙麻黄 6g，干姜 6g，白术 9～10g，威灵仙 15g，僵蚕 12g，炙穿山甲 6g，防风 12g，生薏苡仁 30g。

加减：寒甚痛重不移者，加制川乌、制草乌各3g，以助温阳散寒、通络止痛之效；舌苔白厚腻者，去熟地黄，加苍术10g，炒白芥子6g，茯苓10～20g；大便溏稀者可减少羌活、川牛膝用量，白术加至12g，加茯苓20g；久病关节僵直不能行走者，可加透骨草15g，焦神曲12g，自然铜6g（先煎）。

（二）邪郁化热证

症状：腰骶臀胯僵痛、困重，甚则牵及脊项，无明显畏寒喜暖，反喜凉爽，伴见口干、咽燥、五心烦热、自汗盗汗，发热或午后低热，甚者关节红肿热痛，屈伸不利，纳呆倦怠，大便干，小便黄，舌偏红，舌苔薄黄或黄白相兼，少津，脉多沉弦细数，尺脉弱小。治法：补肾清热、强督通络。方药：补肾强督清化汤。

组成：骨碎补18g，生地黄15g，炒黄柏12g，川续断18g，杜仲20g，苍术10g，狗脊30g，鹿角霜6g，羌活10g，秦艽15g，土鳖虫

6～9g，桑枝30g，桂枝6～9g，赤白芍各12g，知母15g，制附子6～9g，白术6g，威灵仙15g，僵蚕12g，生薏苡仁30g。

加减：若午后潮热明显者，加青蒿12g，银柴胡10g，地骨皮12g；若咽干、咽痛，加玄参15g，并加重生地黄为20g；若疼痛游走不定者加青风藤15～20g，独活10g，防风10g；若腰脊、项背僵痛不舒、活动受限者，骨碎补加至20g，白僵蚕15g，另加白芥子6g，透骨草15～18g，自然铜6g（先煎）；兼有腿脚疼痛者，加地龙6g，槟榔10g，伸筋草20～30g。

（三）痹连肢节证

症状：病变初起表现为髋、膝、踝、足跟、足趾及上肢肩、肘等关节疼痛、肿胀、沉重、僵硬，渐见腰脊颈僵痛不舒、活动不能；或除腰背胯尻疼痛外，并可累及以下肢为主的大关节，畏寒、疼痛、肿胀，伴见倦怠乏力、纳谷欠馨等。病处多见畏寒喜暖（亦有无明显畏寒、反喜凉爽、发热者），舌淡红暗、苔白，脉沉弦或沉细弦。治法：益肾强督、疏风散寒、祛湿利节。方药：补肾强督利节汤。

组成：骨碎补 18g，补骨脂 12g，狗脊 30g，土鳖虫 6～9g，鹿角 6～10g（镑），炒枳壳 12g，杜仲 20g，防风 12g，羌、独活各 10g，川牛膝 12g，片姜黄 10g，桂枝 15g，赤白芍各 12g，知母 15g，制附子 10g，制草乌 3g，炙麻黄 5g，白术 6g，青、海风藤各 30g，松节 30g，威灵仙 15g，白僵蚕 12g，伸筋草 30g。

加减：若见口干欲饮、溲黄便干等化热征象者，去草乌、麻黄，减少桂枝、制附片用量，加炒黄柏 10g，秦艽 12～15g；若关节红肿热痛或不恶寒、反恶热喜凉者加忍冬藤 30g，络石藤 30g；踝关节肿痛喜暖者，加地龙 6g；若上肢关节痛重者，羌活改为 12g，片姜黄为 12g；若上肢关节不怕凉者，加桑枝 20～30g；若下肢关节沉重肿胀，伴见倦怠、纳差者加千年健

10～15g，苍术 6～10g，白术 9～12g。

（四）邪及肝肺证

症状：腰、脊、背部疼痛、僵硬、屈伸受限，心烦易怒，胸锁关节、胸肋关节、脊肋关节疼痛、肿胀感；或伴有压痛；或伴有胸闷、气短、咳嗽、多痰等；或伴有腹股沟处、臀部深处疼痛及坐骨结节疼痛；或伴有双目干涩疼痛且可牵及头部，双目白睛红赤或红丝缕缕，发痒多眵，大便或干或稀，脉象多为沉弦，舌苔薄白或微黄。治法：燮理肝肺，益肾壮督，通络利节。方药：补肾强督调肝汤。

组成：骨碎补 18g，补骨脂 12g，续断18～20g，杜仲 20g，川牛膝 10～12g，泽兰 15g，狗脊 30g，土鳖虫 6～9g，鹿角 6～10g（镑），蒺藜 10～12g，枳壳 10～12g，姜黄 10～12g，桂枝 15g，赤白芍各 12g，知母 15g，防风 12g，制附子 9～12g，炙麻黄 3～6g，干姜 3～6g，羌独活各 12g，白僵蚕 12g，炒白术 10g。

加减：若胸脘胀满、纳谷欠馨，去枳壳，酌加厚朴 12g，枳实 10g，陈皮 10g；若微咳，酌加杏仁 10g，炒紫苏子 10g，紫菀 15g；若白睛红赤、双目干涩、发痒多眵明显，酌加白菊花 6～10g，枸杞子 9～15g，知母 9～15g，炒黄柏 9～12g，炒黄芩 9～12g，减少或去掉桂枝、骨碎补、鹿角的用量；若胸闷明显，加檀香 9g，紫苏梗 12g，槟榔 10g；深吸气胁痛，加丝瓜络 10g，茜草 10～15g。

“大偻”的诊病要点仍以问诊为首要方式，主要询问患者关节疼痛部位、性质及持续时间，以及伴随症状。习惯运用的诊法是问诊及脉诊，临证必究舌象、舌苔及脉象。

焦树德认为，肾虚督空，阳气不足，寒湿深侵入肾入骨，内外合邪，阳气不化，寒邪内盛，筋骨失于荣养，日久瘀血阻络，骨失淖泽，而致脊柱骨节变形，乃生“大偻”；治则治法应是补肾强督，散寒除湿，活血通络，强壮筋骨。

对于用药，焦树德自拟补肾强督治尪汤加减。药物以骨碎补、补骨脂、川牛膝、桃仁、泽兰、桂枝、赤白芍、知母、制附子、防风、炙麻黄、干姜、威灵仙、羌独活、金狗脊、土鳖虫、鹿角（镑）、生薏苡仁、忍冬藤、青风藤、防己、炒黄柏等为主。后期注意加温中健脾、理气和胃之品，如炒白术、干姜、厚朴、木香、茯苓等。

中医治人　与时俱进

在多年的行医实践中，焦树德不仅摸索出了很多疑难杂症的治疗方法，还总结出如何认识中医的独特观点。他提出中医是治人的，即指中医学的诊疗实践，是建立在对人整体的阴阳气血和精气神的观察、了解、把握并给予调整的基础之上的。中医学认为，人之所以会生病，是与其体质状态的基本形态密切相关的。也就是说，不同的患者因为其阴阳气血及精气神盛衰的差异，决定了其身体内环境或致病的趋向和可能性不同。中医就是通过调整、平衡、补充或清理身体内的阴阳气血的失衡状态，使之能达到治疗某种疾病的作用，从这个角度来说，中医便是治人的。

焦树德认为，中医原本也是从治疗急症发展起来的。传统的丸、散、膏、丹以及汤剂等，对某些急症历来也确实行之有效，有些在临床急救中至今仍不可或缺。但是，由于传统剂型的局限，中医的急救范围注定要大打折扣，在病多、病杂、病怪的今天，显得力不从心。自20世纪50年代以来，有人在西医剂型的启示下研制成功了中药注射剂、气雾剂和口服安瓿剂等大量新制剂，为中医抢救急症提供了极大的方便。让焦树德遗憾的是，可能是由于中医界的保守和业者的孤陋，这些新制剂一直没能在中医临床上得到普遍应用，其相应的急救作用，自然未得到应有的发挥。倒是多数制剂被购进了西药房，成了不是西药的西医制剂。现在越来越多的中医治病时，不求中医医理，背弃辨证论治，疗效不显著，病人不信任；一些中药店开鹿角霜，便给鹿角片；开生黄芪，便给炙黄芪；好药工也十分缺乏，该炒的不会炒，该焠的不会焠。

现在有很多西医也在开中药，他们是以“什么药治什么病”的方式运用中药的，不少中医大夫也在这么做，渐渐使本该传承的难以传承下去。焦树德痛心地说，这样下去中医早晚要消亡！他这么说，是想唤醒更多的人真正担负起振兴中医药事业的使命。

多年来，焦树德一直倡导中医是中医理论指导下的医疗实践活动，与现代医学相比是完全不同的两个理论体系，可以西为中用，但不能用西医的思维方式代替中医的辨证论治。他常说，不论西医诊断是什么病，运用中医药治疗，必须辨证论治，而不能按照西医的病名来治疗。

广东省中医院的副主任医师陈伟，其母亲平素体健，不慎淋雨感寒后，出现白细胞下降、关节疼痛、时发低热、疲乏短气等症。在上海某大医院诊治，诊断为“类风湿性关节炎”，迭进中西药物治疗，病情时好时坏。后低热缠绵不解，渐渐出现胸腹水和全身水肿。行多项检查，诊断为“系统性红斑狼疮，肝硬化待排”。骨髓穿刺检查，示“再生障碍性贫血改变”。CT检查，纵隔、腹腔有多个肿大淋巴结，又考虑为“恶性肿瘤转移所致”，但未找到原发肿瘤病灶。谓病已至晚期，医家束手无策。

陈伟心急如焚，飞赴上海，见到母亲已被病痛折磨得不成人形，大肉消脱，卧床不起，生活完全无法自理，遂接到广州治疗。经病理学检查，确诊为恶性淋巴瘤（衰减型）。按照现代医学治疗方法，必须进行联合化疗，但恐母亲身体衰弱难以承受，于是他向远在北京的焦树德求教。

焦树德指出：即使是西医确诊的疾病，也要注意运用辨证论治的理论和方法进行分析、归纳。辨证选方论治，不能按照西医的诊断病名机械对号入座，也不能生搬硬套“中药西用”。例如，中医治疗肿瘤要谨遵“大积大聚，其可犯也，衰其大半而止”的原则，充分扶持人体正气；要扶正祛邪，不能“只见肿瘤不见人”。若病久气虚，脾土衰弱，则宜攻补兼施，或先补后攻。俟邪去其大半，则宜扶正调养，使脾土健运，则残块余积，不攻自消；不可一味妄攻，伤伐正气。鼓励陈伟用中医药为主的方法进行治疗。于是陈母只用一次小剂量的长春新碱（2g）诱导化疗，加强营养支持疗法，主要以中医为主治疗，辨证使用八珍汤、归脾汤、补中益气汤、济生肾气汤等，适当加用活血化瘀、利水、抗癌之品，加用王洪绪《外科证治全生集》中的“犀黄丸”或“小金丹”以解毒散结，化瘀解凝，消除肿瘤。经过将近1个月的住院治疗，病情和各项化验指标都一天天好转。出院后，仍继续辨证应用中药加小金丹治疗，并练习甘肃李少波先生的“真气运行法”气功。后来陈母身体完全恢复健康，一如常人，间断服用归脾丸、逍遥丸、梅花点舌丹等药。曾行B超等检查，未发现异常，亲戚朋友和周围邻居视为“奇迹”。

焦树德认为，在运用中医辨证论治方法治疗西医已经确诊的疾病时，应注意以下几点：

（一）不要“对号入座”

所谓“对号入座”就是坚信西医某病就是中医某病，不进行辨证，套用中医某一病的方剂。如把溃疡病对号成胃脘痛，套用黄芪建中汤或乌贝散等。焦树德强调，中医、西医各有自己的特点。中医对疾病的认识、归类和诊断、治疗等均与西医不同。有的病名虽同，但其概念和含义也不相同。如中医在治疗西医诊断的肝炎时并不专治肝，治疗贫血也不专补血，治疗肾炎时也不专治肾，而是运用辨证论治的方法进行整体治疗。如果见肝炎就治肝，见肾炎就治肾，一病一方，对号入座，常常效果不理想。

（二）不要单以西医病名作为治疗依据

如西医诊断为脑占位病变，不去消瘤而是平肝息风、化痰安神，效果可能更好些。

（三）不要“中药西用”

有的人认为，经过西医诊断的是由细菌引起的疾病，就用具有抗菌作用的中药去抑制细菌；由病毒引起的疾病就用中药抗病毒，这叫“中药西用”。实践证明，这样用药不如运用辨证论治的方法选药组方效果好。例如治疗西医诊断的病毒性肝炎，如果不管病人的证候如何，只顾大量地使用蒲公英、败酱草、板蓝根、大青叶等清热解毒，往往不但肝炎症状不见好转，反增舌苔白厚、胃脘不适、大便溏泄、食欲减退等症状。因为这些药物都是苦寒败胃之品。药理实验证明，中药的有效成分在体内发挥不同的作用。如黄连、连翘、蒲公英、金银花、紫花地丁、重楼、黄芩、黄柏等具有抗菌作用；

大青叶、板蓝根具有抗病毒作用；五加皮具有抗炎、免疫调节和镇静、镇痛作用；黄芪具有强壮保肝作用；五味子可降低肝炎病人升高的转氨酶等。在复方的研究中，证明中药方剂中的药物配伍非常重要。例如桂枝汤的研究显示，对该方的桂枝、白芍、甘草、生姜、大枣做了各种排列组合，或依次去掉某一味做实验，均不能出现较好的调和营卫的作用，只有全方配伍才能发挥良好作用。还有人在药物炮制、地道药材等多方面做了研究，这些研究发现对我们处方用药的选择、配伍均有一定的帮助。焦树德主张可适当参考，但仍要密切结合辨证论治，绝不能因此而偏离辨证论治的轨道。实践证明，处方用药不用中医理论作指导，难以取得良好效果。在辨证论治的前提下，参考现代科研成果组方选药，才能提高疗效。

在中医科研方面，焦树德主张用中医的思路进行探索研究，开拓创新，不能试图用现代医学的方法证明中医的科学性。现代医学的临床研究成果，可以丰富中医的诊治内涵，可以拿来西为中用，四诊可以变成五诊六诊，但不可以丢掉中医自身的发展规律，用现代医学理论指导中医的实践活动，否则只能把中医引向“死胡同”，断送中医发展的前途。他认为当代的中医科研，可以从以下几个方面考虑：

一、要坚持中医药学基础理论，加强基础理论的研究。

二、要立足临床，开展多学科研究；关注中药的研究、复方的研究、四诊的研究、辨证论治的研究、治则的研究、疾病的研究、针灸的研究等。总之要着眼于临床，并且切实是用中医理论作指导。

三、要重视中医药古籍和医史文献整理研究，以图在理论上归纳总结，寻找具有当代特色的现代中医理论的创新点；要重视对现代中医科学研究资料的总结升华，要结合古代、近代和现代的文献研究，对中医理论重新梳理，使其更适合当今的临床工作，也便于生命科学和医学领域的同道形成更多的共识。应通过上述研究，促进中医药学逐渐实现现代化。在思想方法上，应继承与发扬并举，传统手段与现代手段并用，中医与西医结合，这样的研究既可保持中医特色，又能充实中医药学发展内容。因此，不要认为传统的研究方法就是落后、保守的方法，因而与现代科研方法对立起来。对此应该有正确的态度。

例如：金银花、连翘、鱼腥草、蒲公英、紫花地丁、黄连、栀子、黄柏等，均有明显的抗菌作用；黄芪有强壮保肝等作用；鹿茸含有雄性激素，为全身强壮药；白芍、马齿苋对痢疾杆菌有较强的抗菌作用；北五加皮有类似毒毛旋花子素的作用；人参、五味子具有“适应原”样作用（注：“适应原”样作用系增强机体非特异性的防御功能，这种作用是向着对机体有利的方向进行的）等。在组织药方时，可根据病情，结合这些科研成果而选择用药，以进一步提高疗效。同时还要注意，应尽量结合中医辨证论治的原则去选择应用，不可生搬硬套。例如中医的虚寒痢，单用黄连、白芍、马齿苋等去抑制痢疾杆菌，往往效果不理想；如同时结合中医对“虚寒”证的治疗原则，加用干姜、吴茱萸、附子、白术、党参等温补脾肾的药则容易取得效果。再如服五味子粉剂，可使肝炎患者升高的转氨酶下降至正常，但停药两三周后，多又上升；如结合辨证论治，结合辨证的汤剂，冲服五味子粉剂，则疗效巩固，多不再回升。

焦树德认为，在吸取前人组方用药经验的同时，还要随时吸取现代科研成果，与时俱进，以提高治疗效果，促进医学发展。例如，治疗急性阑尾炎的阑尾化瘀汤（川楝子、延胡索、牡丹皮、桃仁、木香、金银花、生大黄）、阑尾清化汤（金银花、蒲公英、牡丹皮、大黄、川楝子、赤芍、桃仁、生甘草）；治疗急性胰腺炎的清胰汤（柴胡、黄芩、胡黄连、白芍、木香、延胡索、生大黄、芒硝）；治疗肠梗阻的甘遂通结汤（甘遂末、桃仁、赤芍、牛膝、厚朴、大黄、木香）；治疗宫外孕的加味活络效灵丹（丹参、赤芍、桃仁、乳香、没药），以及参附姜注射液、生脉散注射液、复方丹参注射液、川芎碱注射液、麝香喷雾剂等。这些方剂既吸收了前人组方用药的宝贵经验，又结合近现代的科研成果，打破了旧框框和洋框框，敢于创新，提高疗效。他认为，中西医结合还要敢于自创新方。焦树德主张要注意结合运用现代科研成果，及时将这些成果运用于临床，赋予辨证论治新的内容，促进中西医结合，提高医疗水平。他认为，辨证论治必须重视四诊合参，但今天看来，它仍有某些不足之处。概括而言，主要是不易掌握、不易普及，缺乏量化指标。

几千年来，历代医家运用四诊方法解决了疾病的辨证论治问题，并且内容越来越丰富，焦树德认为这是应该肯定的。但用现代的眼光来看，它仍然存在不足。例如，望面色的晦暗、无光泽、面黄、面青等；望舌的红、绛、紫、暗、淡等，在科学不发达的过去，只能跟随师傅在病人身上慢慢体会，需要多年才能掌握。而在科学发达的今天，就可以通过光电检查仪，把这些变化记录下来，或做更详尽的分类、对比；在教学时还可以用幻灯片、录像带等进行显示，以便于学习。这对于总结临床经验、提高理论水平、促进医学发展都有极大的帮助。另外，中医的脉象也非常不易掌握，前人传下来的二十八种脉象有的不易分辨。而诊脉时又容易带有主观性，所以没有十几年或几十年的经验是不易掌握的。有的医生一生也见不全二十八种脉象，因而非常需要制造出能够反映中医诊脉特点的脉象仪，以提高诊脉质量和教学质量。

总之，望诊、闻诊、切诊都需要提高到有数据量化指标的水平，这样才有利于辨证论治水平的提高。

仁心仁术　言传身教

焦树德的医术精湛、勇于创新、医德高尚、勤奋敬业的长者风范及其奖掖后学的宽广胸怀，为人正直的个性魅力，深深地感染着后学。古人云："授之以鱼，不如授之以渔。"术业之传，犹在其次，唯以身作则教授后学的高尚医德医风，方是重之又重。他医术高超，仁心厚德，体恤病家。1941 年悬壶故里，挂"树德为怀"横幅于其诊所内，并把自己的名字改为焦树德。从那时起，他就把"精研岐黄、济世活人"作为自己一生的追求。他反复强调，学中医一定要紧紧抓住中国文化的这个"德"字，应该更多地为病人着想，要先怜悯他，替他难受，还要认真想办法，要把他的病当成自己的病一样，哪怕晚上查书查到三更半夜，也要想办法解除病人的痛苦。

焦树德经常教导弟子："既习此业，必先要正其心，端其品，怀其仁，无贪欲"，要"急病人所急，痛病人所痛"。

焦树德曾应邀去天津出诊，闻讯慕名求诊的患者络绎不绝，在焦树德出诊的地方排成了长队。不管排队求诊的队伍有多长，他都认真仔细地为每位患者看病。很多患者服用他所开的方药后，身体得到了康复，因此获得好评如潮。邀请出诊的主办方送给焦树德 5000 元钱以表达感谢之情，他从装钱的口袋中抽出 100 元，将其余的 4900 元钱递还给对方说："你们的好意我心领了。这 100 元钱是我来天津出诊的挂号费，剩下的不该归我，你们请收回。"对方的同志及跟随他出诊的学生无不为他高尚的医德所折服。

在中日友好医院很多人都觉得焦树德为人亲和，一点架子都没有。以前正常上班时，不管碰到护士、医生、还是门卫跟他打招呼，他都停下脚步，认真地点头回应。后来因为他年纪大了，医院每周只请他出诊半天，并严格限号，但他总是能加就加。每逢他出诊日，门口都被挤得水泄不通。他从不询问患者地位，均以仁心相待，下班时间到了还在逐一诊察，耐心解答。

他常讲，中医是救人济世的仁心仁术，尤其是对农村的病人。出身于农民的他，对农民有着深厚的感情。他明白，农民卖掉家里仅有的猪羊，攒几百块钱来城里看病是很不容易的。因此，作为医生，一定要想尽办法让患者（尤其是农民们）少花钱而能解除病痛。

焦树德这种仁心对他的弟子也影响深远。阎小萍作为他的学术继承人多次获得中华中医药学会科技进步奖，多年承担北京中医药大学、北京大学医学部硕士及本科教学，以及留学生的临床教学工作，已带教及培养出博士研究生12人，硕士研究生17人，是北京市“一二五工程”拔尖人才。阎小萍虽然拥有中华医药学会风湿病专业委员会副主任委员、中国中西医结合风湿病专业委员会副主任委员、北京中西医结合学会风湿病专业委员会主任委员等众多“头衔”，并吸引了全国各地乃至世界上20多个国家和地区的病人慕名前来就诊，但她总是以仁慈之心对待各类病患。她为了使更多的人能看上病，主动把以前每周两次的专家门诊又增加了一次，经常是上午、下午连续工作，吃饭都顾不上。所诊治的风湿病80％以上为外地患者，还有不少人来信求医问药，她通过面诊和书信结合的方式，告知正确的诊治方法，尽可能地为患者解除病痛，减少花费。

江西一位徐姓患者，当初是由家属背到门诊前来求治的，经过她系统治疗，症状逐步好转并出院。为了巩固疗效，她让患者回家后定期来信主诉病情和检查结果，自己再将调好的处方邮寄给他，并在信中详细说明应该注意的事项。经过几个月的“远程治疗”，患者不用双拐就可以行走，周身关节也无明显疼痛，逐渐恢复了生活自理能力。

在小女儿焦艺苹眼里，焦树德不仅是位慈父，更是她事业的领路人。焦艺苹现虽远在日本，但还是坚持把已故父亲的医术发扬光大。焦艺苹说，虽然父亲离开了，每当自己患病而依旧服用父亲的处方药剂、或者用父亲教给的方法为患者排除病痛时，仍时时感到慈父对中医药事业的拳拳赤诚之心，以及对自己倾注的深情厚爱。

每当她重读当年法国驻华大使夏尔·马乐写给父亲的亲笔信时，焦艺苹都会为祖国的传统医术而骄傲：“贵医院对我十分周到的治疗，已取得非常大的功效。医生们检查诊断的敏锐和准确，尤其是焦树德教授的诊断力和医学造诣，使我佩服。焦教授的治疗已取得预期效果，我已痊愈。这样一来，我加深了对中医的信任。谨向焦教授、医生们和护士们致以最热忱的谢意和感激。”

父亲对中医的独特见解，焦艺苹时刻铭记在心：“中医是医学艺术而非医学技术。中医能够几千年长盛不衰，就是因为中医属于一种文化，有自己的一套理论，所以能传宗接代，绵延不绝；没有理论，那就是手艺，手艺大家很容易学。中医是艺术，艺术的东西需要人们去体验、去领悟，因此每个人所达到的境界和程度也就千差万别。只学好中医理论不行，还要有悟性，真正地悟进去。学习中医、研究中医、实践中医，一定要从文化的层面上入手，这样才能深刻理解，才能把握精髓，才能领悟真谛。”

和谐家庭　温馨天伦

焦树德对中医学的追求是孜孜不倦，对治学是一丝不苟，对病人、学生是和蔼可亲，对待家人是关爱有加。

焦树德不仅深爱女儿焦艺苹，对养女和养子也视如己出。“我10岁开始就跟他生活在一起，建立了深厚的感情，他就像我亲生父亲一样，对我无微不至地关怀。”回忆起养父，大女儿杨缦丽眼睛里闪烁着泪花，不住地叹息他的离去，“我感激他，不仅是养育了我和弟弟，更是对我有活命之恩啊！”

杨缦丽2004年1月12日被确诊为脑动脉瘤而致蛛网膜下腔出血，送至医院诊治。从1

月 21 日（大年三十）晚上开始，她的病情突然有较大波动，精神状态不好，久呼不应，大部分时间处在嗜睡状态，纳食极少，只能进食两三匙稀粥，大小便也失控。到了晚上 9 点，她开始出现躁动不安，双手乱动，神志不清。丈夫陈勇赶紧找值班医生进行救治。焦树德看着女儿痛苦的样子，急得在楼道里走来走去，用拐杖使劲地敲打着地板，情绪很激动："怎么回事，住了这么久还不能出院，情况还越来越严重？为什么不同意吃我开的药？我的女儿我负责，我能治好她！"他着急上火，腮帮子也肿了，"我要带我女儿回家。"

主管医生在交班时曾向家属交代病情，明确告知：病人现在的表现主要是因为"脑血管痉挛"引起，目前尚无药可医，只能静观其发展变化了，也不同意服中药。病人预后问题：轻则口眼歪斜、半身瘫痪；重则成植物人，甚至死亡。

丈夫很明白院方所说的情况，妻子的情况是很危险的，老爷子又坚决要求出院，在没有医院医疗仪器的情况下，急救是很困难的。老爷子在着急的状态下，开的方子也不是特效的。他的压力非常大，一方面要面对医院的压力，另一方面要安抚老爷子。这时他赶紧给日本的妹妹焦艺苹打电话。焦艺苹得知消息后马上买了加急机票赶了回来，然后连夜将姐姐的状况写成病例，到焦树德面前说："爸爸，您什么都别说，先看病例，再开药。"在小女儿面前，焦树德就像听话的小学生一样，开始认真地看"老师"布置的作业。在仔细看完后，焦树德拍拍脑袋说了句："我明白了。"辨证：阳明邪盛，日晡潮热，夜间阴分热盛谵语，撮空引线。立即开出了以下方子：

生石决明 30g，制半夏 10g，化橘红 12g，生荆芥穗 10g，北防风 10g，东全蝎 6g，僵蚕 10g，远志肉 10g，节菖蒲 10g，白茯苓 20g，郁金 10g，天竺黄 10g，净连翘 15g，草红花 6g，赤芍片 6g，杭白芍 12g，大蜈蚣 2 条，桃仁 6g，地龙 9g，夏枯草 12g。

同时服十香返生丹 2 丸，早、晚各 1 丸。服药后杨缦丽一夜安睡，未出现躁动不安。大年初二，精神明显好转，无烦躁，少嗜睡，说话基本恢复常态。同室病友也说与昨天大不一样，好多了，有救了。

查房的主任也倍感惊讶，说可以等着手术了。经全家进一步商量，由于手术风险太大，以及预后可能出现的不良情况，决定不做手术。当天回家后，焦树德又为大女儿开了中药方。

处方：川厚朴 10g，炒枳实 12g，大黄 3g，制半夏 10g，焦三仙各 10g，化橘红 12g，茯苓 15g，生麦芽 10g，南红花 6g，桃仁 10g，赤芍 10g，生白芍 15g，防风 10g，香附 10g，僵蚕 10g。

服药 1 个多月，杨缦丽已能下床活动。生活能够自理，饮食正常，血压平稳，二便也正常。同时，还能在家人的陪同下外出散步，并做些简单的家务活。5年后，做了脑血管瘤介入术（栓塞术），半年后复查一切正常，医生说以后不用来医院了。

陈勇说："我夫人能捡回这条命亏了西医的及时抢救，更少不了老爷子的那剂妙方啊！"

陈勇敬重焦树德，不仅仅因为是翁婿关系，更尊重他是杏林前辈。"他经常会在我家小住一段时间，有时候我便会跟他请教自己在会诊时候的疑难杂症，他对我的事业帮助是很大的。但大多数时候是一家人共享天伦之乐。"

焦树德在晚年时坚持出诊，还经常有学生到家来请教，几乎都是处在忙碌状态。用来休闲放松的方式最多的便是听音乐，看儿孙们嬉戏玩耍。"老爷子平时就喜欢听听音乐，拉拉二胡。在家庭聚会日，他专门负责给孩子们打节拍、放磁带等。在旁边看着孩子们乐，他自己也很高兴。”陈勇回忆说。令他记忆最深刻的是，有一次老爷子跑到他办公室偷偷把他叫出去，神秘地说：“我弄回来一个宝贝。”他一看，是个双卡录音机。这在 20 世纪 80 年代是稀罕物，弄来确实不容易。这是轻易不求人的老爷子为了孩子们能高高兴兴聚在一起，才想办法托人弄来的。

“听音乐，与孩子们同欢乐是老人家晚年养生的重要方式。另一个养生方式便是简单饮食。”陈勇说，“老爷子饮食极为简单，一碗炸酱面、一根黄瓜足矣。对扣肉、花生米亦钟爱有加。”

2009 年 6 月 14 日，在焦树德逝世一周年的“焦树德教授学术思想研讨会”上，卫生部领导对焦树德精湛的医术、高尚的医德给予了高度评价，指出要学习焦树德重临床、重总结、重实践的工作作风，学习焦树德注重经验传承和教书育人的博大胸怀，学习焦树德孜孜不倦、改革创新的探索精神，称颂焦树德不仅医术精湛、医德高尚、人格高尚，而且非常重视人才的培养，尤其是为中医临床人才的培养作出了重要贡献。与会的中医界专家、教授纷纷发言，盛赞焦树德是名老中医的杰出代表，在中医临床、教学、科研工作中均作出了突出贡献，不愧是当代中医名家……

确实，焦树德一生正如其名：树人以兴废继绝，德立而济困扶危。

（撰稿人　朱　萍）

《中华中医昆仑》丛书 150 位医家名录

（按生年排序）

张锡纯	丁甘仁	萧龙友	王朴诚	恽铁樵
曹炳章	冉雪峰	谢　观	施今墨	汪逢春
孔伯华	黄竹斋	吴佩衡	蒲辅周	陈邦贤
李翰卿	李斯炽	姚国美	陆渊雷	张泽生
时逸人	张梦侬	叶橘泉	王聘贤	陈慎吾
邹云翔	赵炳南	承淡安	余无言	刘惠民
岳美中	沈仲圭	秦伯未	赵锡武	韦文贵
程门雪	黄文东	赵心波	董廷瑶	吴考槃
章次公	石筱山	陆南山	张赞臣	李聪甫
刘绍武	陈存仁	朱仁康	陆瘦燕	姜春华
韩百灵	高仲山	李克绍	王鹏飞	刘春圃
金寿山	哈荔田	何世英	周凤梧	干祖望
关幼波	王为兰	任应秋	罗元恺	祝谌予
杨医亚	郭士魁	何时希	耿鉴庭	俞慎初

裘沛然	顾伯华	江育仁	邓铁涛	门纯德
刘渡舟	尚天裕	朱良春	李玉奇	程士德
尚志钧	赵绍琴	董建华	米伯让	李辅仁
张珍玉	班秀文	颜正华	于己百	颜德馨
路志正	方药中	王乐匋	黄星垣	谢海洲
余桂清	何　任	王子瑜	程莘农	陈彤云
焦树德	张作舟	张　琪	李寿山	张镜人
王绵之	方和谦	印会河	王玉川	蔡小荪
李振华	马继兴	王嘉麟	宋祚民	刘弼臣
王雪苔	刘志明	吴咸中	李今庸	任继学
裴学义	王宝恩	周霭祥	贺普仁	唐由之
赵冠英	许润三	金世元	陆广莘	刘柏龄
徐景藩	吉良晨	吴定寰	沈自尹	王孝涛
张灿玾	周仲瑛	强巴赤列	张代钊	李经纬
郭维淮	柴松岩	苏荣扎布	陈可冀	李济仁
夏桂成	郭子光	巴黑·玉素甫	张学文	陈介甫